FURZENDE WEIHNACHTEN
Das große Festtagsmalbuch
von Massimo Wolke

FURZENDE WEIHNACHTEN

Das große Festtagsmalbuch

von Massimo Wolke

Bibliografische Information der Deutschen Nationalbibliothek:
Die Deutsche Nationalbibliothek verzeichnet diese Publikation in
der Deutschen Nationalbibliografie; detaillierte bibliografische
Daten sind im Internet über http://dnb.dnb.de abrufbar.

© 2017 Massimo Wolke
Herstellung und Verlag:
BoD – Books on Demand, Norderstedt

ISBN: 978-3-7448-3003-4